MW01241324

Mes Histoires Personnelles

Il y a des années, je suis venu dans ce pays en tant qu'épouse d'un diplomate étranger. À l'époque, il semblait que je menais une vie merveilleuse ; un mari intelligent dans l'arène des diplomates, un beau logement et des beaux vêtements. Je rencontrais aussi des gens importants et intéressants. Mais ma vie n'était pas parfaite du tout, car dans l'intimité de notre maison, mon mari m'abusait physiquement et verbalement.

L'abus a commencé quand je me suis inscrite dans un cours d'anglais comme la seconde langue. Mon mari ne voulait pas que j'aille à l'école pour apprendre l'anglais. Mais je voulais apprendre la langue du pays où je vivais, alors j'ai suivi des cours d'anglais et d'informatique malgré ses objections et ses abus.

Un jour je suis revenue de l'école, il m'a attaqué, me disant que je n'étais pas allée à l'école, que je revenais de chez mon copain. Je

1

l'ai arrêté juste là et lui ai dit que je ne suis pas une prostituée. Mon corps est trop précieux et est un temple de Dieu, donc je ne mettrai jamais en péril ma relation avec mon Seigneur pour rien sur cette terre. Je suis allée sur l'ordinateur que j'avais acheté avec mon propre argent des travaux de nettoyage, pour faire mes devoirs, il est allé dans la cuisine, a pris la spatule, et était revenu directement vers mon ordinateur pour le casser, je me suis levée et je l'ai arrêté de briser mon ordinateur ; il m'a attrapé par le cou pour m'étrangler. Je me battais pour retirer ses mains de mon cou ; J'ai pris le téléphone pour appeler la police, accidentellement le téléphone a frappé son front. Il a dit à mon beau-fils d'appeler la police. Quand la police était arrivée, ils ont demandé à mon mari ce qui s'était passé, et il leur a menti que j'étais le fauteur de troubles ; quand j'ai essayé de m'expliquer, la police a dit que nous devions régler ce petit problème entre nous deux et ils étaient repartis.

Pendant ce temps, j'étais tombée enceinte de notre fille. Je pensais que mon mari cesserait de me maltraiter parce que j'étais enceinte. Au lieu de cela, l'abus s'est aggravé, et mon mari a commencé à me retenir de l'argent. Il allait au magasin et achetait les épiceries pour lui-même ; et finalement, il a cessé d'acheter de la nourriture dans la maison. Étant enceinte, j'avais besoin de manger régulièrement pour le bébé, mais je n'avais pas de nourriture. Un couple de mon pays qui habitait à proximité se sentait désolé pour moi, et de temps en temps, le couple m'invitait chez eux pour manger, ou parfois ils envoyaient leurs enfants avec de la nourriture. Je n'avais pas de travail ni de revenu, et quand mon mari a fait cela, j'ai commencé à réaliser à quel point j'étais vulnérable et combien il était important pour moi de parler un bon anglais et de développer des compétences commercialisables.

Mon mari m'a aussi abusée physiquement quand j'étais enceinte. Il me donnait des coups de pied dans le ventre avec le bébé, et j'allais à l'hôpital pour vérifier si le bébé allait bien.

Une amie de mon pays m'a également conseillée d'aller demander de l'aide alimentaire au Service Social, afin que je puisse manger correctement pour le bébé.

Quand j'ai reçu la carte de nourriture, je suis allée au magasin chercher de la nourriture et du lait. Une fois rentrée à la maison, J'ai mis le tout dans le frigo et je suis allée faire une sieste. Mon beau-fils de dix-neuf ans est rentré à la maison quand je dormais et a versé le lait dans l'évier juste pour me faire mourir de faim, moi et mon bébé. Parfois, l'ami de mon mari qui travaillait au restaurant m'apportait de la nourriture à manger.

Comme mon mari ne me donnait pas d'argent de poche, les dames de mon église me donnaient de l'argent le dimanche pour acheter des lotions, des articles de toilette et d'autres choses dont j'avais besoin.

Un jour après avoir préparé ma nourriture préférée, j'ai laissé la nourriture sur la cuisinière et je suis allée rendre visite à une famille dans notre immeuble pour passer du temps avec elle, car j'étais constamment dans mon appartement et je ne savais pas où aller. La dame de la maison a préparé et nous avons mangé ensemble. Après avoir passé du temps avec la famille, je leur ai dit que je voulais rentrer à la maison parce que mon mari serait bientôt à la maison, et je devais apprêter son repas. Donc, j'étais partie de chez mon amie et j'étais revenue dans mon appartement. J'ai allumé la cuisinière pour réchauffer la nourriture et j'ai préparé la table pour mon mari. Comme j'ai déjà mangé avec mes amis, je n'avais pas faim. Après cela, j'étais allée au lit. Dès que mon mari est rentré, il est allé directement manger. Quelques minutes plus tard, il s'est mis à crier, et il est allé dans la chambre en m'accusant d'empoisonner sa nourriture ; Je me suis levée du lit et je lui ai demandé pourquoi il m'accusait d'empoisonner sa nourriture ? Il m'a dit qu'il y avait du poison dans la nourriture, et il s'est effondré par terre ; J'ai ouvert le frigo et je lui

5

ai donné du lait et du jus de citron à boire pour contrôler le poison ; Dès qu'il a bu le lait et le jus de citron, il a commencé à vomir. J'ai prié avec toute mon âme et ma force sincèrement à Dieu de ne pas le laisser mourir. Parce que les gens pourraient penser que je voulais le tuer parce qu'il me maltraitait. Alors, il s'est levé et m'a demandé pourquoi j'avais mis du poison dans sa nourriture. Je lui ai dit que je ne lui ferais jamais ça. Je ne savais pas qui l'a fait, mais le Dieu vivant que je sers révélera cette personne qui voulait me mettre dans le problème. J'étais retournée dans ma chambre pour prier, et j'ai entendu mon beau-fils dire à mon mari que c'est lui qui a mis du poison dans la nourriture pour me tuer parce qu'il ne m'aimait pas du tout. Maintenant c'est mon mari qui a fini par manger la nourriture empoisonnée par son propre fils. J'étais revenue au salon et j'ai dit à mon mari que je voulais appeler la police, mais il m'a dit de ne pas appeler la police car son fils serait arrêté.

À partir de ce moment, j'avais tellement peur de laisser ma nourriture en plein air ; quand je cuisinais, je mangeais tout à la fois pour éviter une autre intoxication alimentaire.

Malheureusement, après la naissance de ma fille, mon mari était allé trop loin. Cette fois-ci, il a acheté un pistolet qu'il a caché dans le placard que ma fille de quatre ans a trouvé ; et il a essayé de me tuer lui-même en empoisonnant de nouveau ma nourriture avec une poudre blanche. J'ai finalement décidé de m'échapper. En dépit d'avoir nulle part où aller, pas de famille dans ce pays. Je ne suis pas retournée dans ma patrie à cause des menaces que mon mari a proférées à mon retour en Afrique.

Donc, pendant trois ans, j'ai erré d'un abri provisoire à l'autre. Quand j'avais littéralement épuisé tous les endroits où aller, un miracle s'est produit. Mon église m'a aidé à obtenir un permis de travail, et quelqu'un m'a mis en contact avec Second Chance, une organisation située à Washington, DC, qui aide les victimes de violence domestique. Peu de temps après, j'étais employée et j'avais mon propre appartement. J'étais capable de prendre soin de mes enfants et de moi-même.

J'ai prié, j'ai demandé au Seigneur de me pardonner pour toutes ces années que je n'étais pas heureuse ; et j'ai pardonné à mon mari qui m'a fait tant de mal, et j'ai tout abandonné entre les mains puissantes de Dieu.

Mon Rêve

Une nuit, j'ai fait un rêve. Dans le rêve, quelqu'un m'appelait Philomène, Philomène, quand je me suis tournée, la personne m'a dit :« Philomène ne t'inquiète pas, le Seigneur est sur le point de détruire ton ennemi » ; et dans la même semaine, la nouvelle épouse de mon ex-mari m'a appelé pour m'informer que mon ex-mari est mort subitement d'une crise cardiaque. Je n'ai jamais pensé que mon propre mari serait mon ennemi toutes ces années passées.

Il est difficile d'expliquer ce que j'ai ressenti au moment de mon abus, surtout quand je n'avais pas de parents proches pour m'aider ou pour me conseiller ; mais la Parole du Seigneur, les prières et le Saint-Esprit m'ont aidé à reconstruire mon espoir et ma confiance en moi, j'avais le soutien moral et spirituel dont j'avais besoin pour croire en mon avenir et ne plus jamais être victime d'abus.

Peu importe ce qui m'est arrivé, c'est ma foi en Dieu, comment je traite les autres et comment je réagis à ce qui m'arrive qui déterminera ma croissance et ma réussite. Je suis très reconnaissante pour toute aide reçue et je continuerai à croire en Dieu et à aider les autres comme j'ai été aidée.

Parfois, Dieu utilise les difficultés pour nous préparer pour une grande mission. Selon nos difficultés, il nous préparera à être des instruments pour atteindre ceux qui traversent et traverseront la même situation.

Alors maintenant, parlons de la violence domestique en détails.

Introduction

Il est important de savoir que notre société est pleine de gens qui choisissent délibérément ou qui sont possédés par un esprit mauvais pour abuser les autres à travers la violence domestique. Cela n'arrive pas par hasard. Un auteur d'abus utilise intentionnellement le pouvoir et des tactiques spécifiques pour contrôler l'autre personne. Il est important de comprendre que, au centre de la violence domestique, il y a le désir d'une personne de dominer une autre personne. C'est un problème critique qui affecte le monde entier. N'importe qui peut éprouver de la violence domestique. Il survient dans tous les groupes sans distinction de race, d'origine ethnique, de statut socio-économique, de groupes religieux, d'orientation sexuelle, de statut social et d'appartenance politique. La violence domestique est daltonienne, ne se préoccupe pas de la situation financière et ne s'inquiète jamais du genre.

Qu'est-ce que la violence domestique ?

La violence domestique ou la violence familiale est un comportement abusif utilisé pour contrôler un partenaire intime à travers des abus physiques, verbaux, financiers, spirituels et sexuels. Cela inclut tout comportement qui intimide, manipule, humilie, isole, effraie, terrorise, menace, blâme, blesse, ou blesse quelqu'un.

Une personne n'a pas à subir tous les types de violence domestique pour être en relation abusive.

Abus physique : est seulement un type d'abus qui peut être expérimenté. Il peut s'agir de pousser, de frapper, de donner des coups de pieds, de gifler, d'assujettir, de brûler, de poignarder, de tirer, de refuser des médicaments.

Abus verbal : est une tactique utilisée pour rabaisser psychologiquement et déprécier la victime. Cela peut prendre la forme de dire des choses avilissantes à la victime, embarrasser la victime à la fois publiquement et en privé, ou rabaisser, dénoncer et humilier qui mènent à la détresse émotionnelle ou mentale.

Abus financier : est une forme de violence domestique où une personne contrôle une autre par l'accès aux ressources économiques. L'agresseur interdit à une personne de travailler ; saboter les opportunités d'emploi ; refuser l'accès direct aux comptes bancaires ; faire en sorte qu'une personne demande une allocation, et saboter les services de garde d'enfants ou de transport pour que l'accès au travail devienne impossible. L'abus financier diminue la capacité d'une personne à subvenir à ses besoins, obligeant ainsi la victime à dépendre de l'agresseur pour tout et rendant difficile pour la victime de quitter la situation ou la relation abusive.

Abus Spirituel : peut se présenter de diverses manières, telles que l'utilisation et la manipulation de l'Écriture Sainte pour justifier l'abus ; empêcher une personne d'assister à des activités religieuses ; isoler la personne de la communauté de foi, enlever ou détruire des articles religieux et refuser à la personne la possibilité de s'engager activement dans des pratiques religieuses, ou de fois l'agresseur brûle la bible de la victime.

Abus sexuel : est également un indicateur important de la violence domestique. Cela peut inclure des rapports sexuels forcés, forcer quelqu'un à avoir des relations sexuelles non protégées, forcer quelqu'un à se livrer à des actes sexuels, forcer quelqu'un à avoir des rapports sexuels avec d'autres, et infecter délibérément quelqu'un avec des infections sexuellement transmissibles.

Les crimes fréquents qui peuvent survenir avec la violence domestique

Étranglement : est une forme d'asphyxie caractérisée par la fermeture des vaisseaux sanguins ou des passages d'air du cou à la suite d'une pression externe sur le cou. Il est crucial de prendre au sérieux l'étranglement et de comprendre que cela pourrait être fatal. Les effets de l'étranglement dans la violence domestique sont très dangereux. Souvent, l'étranglement est minimisé ou non rapporté par la victime. Il n'y a pas de blessures visibles et ce n'est pas aussi douloureux que d'autres blessures comme des lacérations ou des fractures. Un problème de santé dont les symptômes sont souvent retardés peut entraîner des blessures, des accidents vasculaires cérébraux, des lésions cérébrales et la mort. Il peut également causer des ecchymoses, des égratignures, des abrasions, des contusions, des rougeurs ou des épingles.

Harcèlement : S'engager de façon malveillante dans une ligne de conduite qui alerte ou agace gravement un individu dans l'intention de harceler, d'alarmer ou d'agacer celui-ci après avoir reçu un avertissement ou une demande d'arrêt. C'est aussi une conduite malveillante, y compris l'approche ou la poursuite d'une autre personne avec l'intention de placer cette personne dans la crainte de blessures corporelles graves ou de mort. Le harcèlement n'est pas un comportement normal. L'harceleur peut s'engager dans l'un des comportements suivants :

- Vous surveiller, vous suivre, vous approcher ou vous agresser à la maison, au travail ou dans un lieu public

- Faire des appels menaçants, des raccrochements ou envoyer des textes menaçants

- Envoyer des messages haineux, des courriers électroniques ou des messages instantanés

- Utiliser les sites de réseautage social pour suivre ou harceler

- Envoi répétitif de notes d'amour ou de cadeaux

- Rompre ou vandaliser votre propriété ou

15

fouiller dans vos poubelles

- Utilisation de la surveillance comme un détective privé, des caméras ou en enregistrant vos communications téléphoniques

- Installation de logiciels espions ou de suivi GPS ou de votre ordinateur ou téléphone portable

- Contacter vos amis ou votre famille pour obtenir des informations sur vous

- Dégâts aux biens personnels (voitures, maisons ...)

L'utilisation de menaces : est une autre façon dont les agresseurs contrôlent les victimes. Dans cette situation, l'agresseur utilise des menaces pour que la victime fasse ce qu'il veut. Les menaces peuvent prendre différentes formes, comme menacer de blesser la victime, les enfants, la famille de la victime, un animal de compagnie (chien, chat) ou même l'agresseur qui menace de se blesser. Les menaces peuvent prendre la forme de mots, d'actions ou de comportements. Par exemple, l'agresseur peut faire des menaces verbales, percer un trou dans le mur par des coups de poing comme une menace, laisser des notes ou envoyer des messages à travers les médias sociaux.

Ici, l'agresseur tente de faire peur à la victime et de la contrôler.

Isolement : Un des aspects de l'abus psychologique et émotionnel est d'isoler la victime. Isoler la victime est intentionnel. En isolant la victime, l'agresseur est plus facilement capable de faire ce qu'il veut faire à la victime, sans interruption ni interrogation de la part des gens. Il retire également la victime d'un réseau de soutien et peut rendre la personne désespérée. L'isolement prend la personne à l'extérieur d'être en mesure d'entendre des messages alternatifs sur l'abus subi. Cela permet à l'agresseur de contrôler plus facilement la victime.

Jouer à des jeux d'esprit : Jouer à des jeux d'esprit est une autre façon que l'agresseur tente d'amener la victime à s'interroger sur sa propre réalité. Dans ces incidents, l'agresseur peut blâmer la victime pour la violence domestique qui a lieu. L'agresseur peut trouver des moyens de faire croire à la victime que l'abus est de sa faute au lieu de l'agresseur. En outre, d'autres jeux d'esprit peuvent inclure de cacher des choses et faire sentir à la victime qu'elle est oublieuse et n'a pas une bonne mémoire. Ces genres de jeux d'esprit font en sorte que la victime commence à se demander ce qui se passe et elle est alors plus susceptible de se sentir comme si elle interprétait mal une situation. L'agresseur fait en sorte qu'elle remet en question sa compréhension de ce qui se passe dans la relation, et peut amener la victime à prendre la responsabilité de l'abus quand, en fait, l'agresseur est en faute.

Ne croyez pas tout ce que vous lisez et entendez parler de la violence domestique.
Tout n'est pas vrai

Les gens disent que la violence domestique n'affecte pas beaucoup de personnes : la violence domestique touche environ un million de personnes aux États-Unis chaque année, et 85% des victimes sont des femmes. Les gens disent que les hommes ne peuvent pas subir de violence domestique ; C'est une idée fausse et dangereuse parce qu'elle stigmatise les hommes au point où ils n'ont pas l'impression de pouvoir demander de l'aide. La vérité est qu'un homme sur sept connaîtra la violence domestique dans sa vie.

Les gens disent que la violence domestique est juste une perte temporaire de caractère : le fait est que l'agresseur prend une décision consciente d'abuser. La perte de tempérament est un outil pour imposer le contrôle par la peur. Être en colère ne rend pas une personne abusive. Une personne violente qui est en colère utilisera sa colère comme une excuse pour la violence. Il est important que nous comprenions que ce n'est pas la colère qui conduit à l'abus, mais plutôt le choix d'être abusif qui conduit le comportement.

Les gens disent que la consommation d'alcool ou de la drogue cause la violence domestique : le fait est que certains abuseurs font de l'alcool et des drogues une excuse pour un comportement violent. Bien qu'il y ait une corrélation entre la toxicomanie et la violence domestique, l'un ne cause pas l'autre. Cependant, la toxicomanie réduit les inhibitions et peut augmenter la fréquence et la gravité de l'abus. La violence domestique n'est pas causée par la toxicomanie. L'auteur de la violence domestique est intentionnel.

Les gens disent que si l'agresseur est vraiment désolé et promet de réformer, l'abus s'arrêtera : Les remords et implorer le pardon sont des méthodes manipulatrices utilisées par les agresseurs pour contrôler leurs victimes. Les agresseurs cessent rarement d'abuser, en fait, l'abus s'aggravera presque toujours avec le temps.

Les gens disent que les victimes ont des personnalités qui recherchent et encouragent les abus : le fait est qu'il n'existe aucun ensemble de traits de personnalité qui décrivent universellement toutes les victimes de la violence domestique. C'est l'agresseur qui est responsable de l'abus, pas la victime.

Les signes avant-coureurs de la violence domestique

- Contrôler ce que son partenaire peut ou ne peut pas porter comme habits

- Contrôler comment son partenaire dépense de l'argent

- Jalousie

- Contrôler l'amitié de son partenaire en disant à la victime à qui elle peut ou ne peut pas parler.

- Retrait de la prise de décision de la victime.

Faites attention à ces questions

- Est-ce qu'il vous a déjà fait peur avec violence ou comportement menaçant ?

- Est-ce que vous faites souvent des choses pour lui plaire plutôt que de vous faire plaisir ?

- Est-ce qu'il vous empêche de sortir ou de faire des choses que vous voulez faire ?

- Est-ce que vous vous sentez comme ça, avec lui, rien de ce que vous faites n'est jamais assez bon ?

- Est-ce qu'il dit qu'il va se tuer ou se blesser si vous rompez avec lui ?

- Est-ce qu'il fait des excuses pour son comportement ?

- Vous sentez-vous nerveuse autour de votre partenaire ?

- Pensez-vous que vous devez faire attention à contrôler votre comportement pour éviter sa colère ?

- Vous sentez-vous contrainte par lui à avoir des relations sexuelles ?

- Avez-vous peur de ne pas être d'accord avec lui ?

- Est-ce qu'il vous critique ou vous humilie devant les autres ?

- Est-il toujours en train de vérifier ou de vous interroger sur ce que vous faites sans lui ?

- Est-ce qu'il vous accuse à plusieurs reprises ou à tort de voir ou de flirter avec d'autres personnes ?

- Est-ce qu'il vous dit que si vous changiez, il ne vous maltraiterait pas ?

- Est-ce que sa jalousie vous empêche de voir des amis ou de la famille ?

- Est-ce qu'il vous fait sentir comme si vous étiez folle, stupide, mauvaise ou inadéquate?

Si vous répondez oui à l'une de ces questions, vous pourriez être dans une relation d'abus.

Signes à considérer si nous soupçonnons des personnes dans la violence domestique

-   Elles sortent rarement en public sans leurs partenaires

-   Elles ont l'air effrayé par leurs partenaires, désireuses de leur faire plaisir ou d'aller avec tout ce que les partenaires disent et font

-   Elles sont déprimées, anxieuses ou suicidaires

-   Elles sont interdites de voir la famille et les amis

-   Elles montrent des changements majeurs de personnalité ; par exemple, une femme qui a l'habitude de sortir avec des amies, se retire des gens ou montre une faible estime de soi

-   Elles manquent souvent le travail, l'école ou les occasions sociales sans explication

-   Elles parlent de l'humeur, de la jalousie ou

de la possessivité de leurs partenaires

- Elles ont des blessures fréquentes avec des excuses de "c'était un accident"

- Elles s'habillent de vêtements conçus pour cacher les bleus ou les cicatrices (porter des manches longues en été ou des lunettes de soleil à l'intérieur)

- Elles sont obligées de vérifier souvent avec leurs partenaires pour signaler où elles sont, ou recevoir des appels téléphoniques harcelants fréquents de leurs partenaires.

Planification de la sécurité pour les victimes de violence domestique

- **Sécurité lors de la préparation à partir**

  - Trouver un lieu de sécurité pour rester

  - Mettre de côté l'argent d'urgence

- Avoir un sac rempli de documents importants

- Contactez un programme de violence domestique

- Dites à votre ami(e) ou à un membre de votre famille en qui vous avez confiance de connaître votre situation et où vous resterez

- **La sécurité dans votre propre maison**

    - Changez vos serrures

    - Changer votre numéro de téléphone

    - Vous pouvez parler à vos voisins ou au propriétaire si vous le souhaitez

- **La sécurité et vos enfants**

    - Si votre enfant est inscrit sur une ordonnance de protection ou de garde, donnez-en une copie à l'école ou à la garderie de votre enfant

    - Trouver un endroit sûr pour échanger les

enfants pendant les visites.

Liste des articles à emporter avec vous si vous prévoyez quitter une situation ou une relation abusive

• Documents importants (ordonnance de protection, de garde, documents de divorce)

• Carnet d'adresses

• Passeports, visas, cartes vertes

• Contrat de Location, papiers d'hypothèque

• Identification d'aide sociale

• Factures impayées

• Cartes de sécurité sociale, certificats de naissance pour vous et vos enfants

• Des vêtements de rechange pour vous et vos enfants

- Carte d'Identification, permis de conduire

- Rapports (médical, scolaire, bancaire …)

- Clés (maison, bureau, voiture)

- Des médicaments

Que peut faire l'Église à propos de la Violence Domestique ?

Certains abuseurs sont chrétiens. Ils sont toujours dans la maison du Seigneur, faisant semblant de suivre et d'obéir au Seigneur. Ils se comportent comme des anges à l'église, mais la façon dont ils traitent leurs conjoints à la maison est déplorable. Certains chefs religieux qui n'ont pas réfléchi attentivement aux problèmes de la violence domestique indiquent aux victimes que les sévices qu'elles subissent font partie de leurs épreuves et de leurs tribulations, sans connaître le danger de ce problème particulier. L'emphase chrétienne sur le pardon peut être très difficile en confrontant une situation d'abus. La famille, les amis et les chefs religieux peuvent pousser la victime à pardonner à l'agresseur avant que la victime ne soit prête, surtout si l'agresseur dit qu'il est désolé. Par exemple, dans mon cas, lorsque l'abus était si intense, mon église m'a prise et m'a envoyée en Pennsylvanie pour rester chez un couple de personnes âgées qui étaient les anciens membres de l'église ; après un mois, mon pasteur et les diacres m'ont demandé de revenir parce que mon mari allait les supplier tous les jours de se faire pardonner ; et ils m'ont dit qu'un enfant de Dieu ne peut pas refuser de pardonner. Je n'étais pas prête à pardonner, mais je suis obligée de revenir dans la souffrance. Les agresseurs doivent être tenus responsables.

Les victimes doivent être assurées qu'une vie de prière engagée les conduira au pardon volontaire lorsqu'elles seront prêtes et capables, et qu'elles seront assez fortes pour l'offrir. L'église devrait être consciente que cela peut prendre beaucoup de temps, surtout si l'abus a continué pendant une longue période de temps.

Le vœu du mariage de s'aimer et de s'occuper de son conjoint jusqu'à la mort, est brisé quand un partenaire choisit d'utiliser la violence pour affirmer son pouvoir et son contrôle sur l'autre, afin d'avoir sa propre voie. Ce n'est pas la responsabilité de la victime de rester dans la relation et de travailler pour éliminer l'abus. C'est la responsabilité de l'agresseur d'arrêter la violence afin de maintenir les vœux qu'il a faits.

Ainsi, l'église doit fournir des informations sur les ressources locales disponibles dans la communauté pour lutter contre la violence domestique. Par exemple, partager des informations sur les ressources de la violence domestique dans les bulletins d'information et sur le site Web, mettre l'information dans les bancs d'église ou dans les salles de bains, ou avoir des Représentants qui luttent contre la violence domestique assister à des foires aux ressources. Utiliser des événements spéciaux tels que des jours fériés ou des mois de sensibilisation pour sensibiliser les membres sur la violence domestique et envoyer des messages qui condamnent la violence domestique, tout en promouvant l'égalité dans les relations. Utiliser les médias sociaux pour atteindre un public plus jeune. Souvent, les jeunes sont élevés en croyant que certaines choses comme la violence dans le ménage sont normales. Il est important de contrer ces croyances. Il est également très important d'éduquer la congrégation sur le danger et les conséquences mortelles de la violence domestique.

L'homme et la femme sont tous des créatures de Dieu créés à sa propre image pour s'aimer les uns les autres avec respect, comme la Bible le dit dans Ephésiens 5 : 1-2, 25-30 (version LS)

1Devenez donc les imitateurs de Dieu, comme des enfants bien-aimés ; 2et marchez dans la charité, à l'exemple de Christ, qui nous a aimés, et qui s'est livré lui-même à Dieu pour nous comme une offrande et un sacrifice de bonne odeur. 25Maris, aimez vos femmes, comme Christ a aimé l'Eglise, et s'est livré lui-même pour elle, 26afin de la sanctifier par la parole, après l'avoir purifiée par le baptême d'eau, 27afin de faire paraître devant lui cette Eglise glorieuse, sans tache, ni ride, ni rien de semblable, mais sainte et irrépréhensible. 28C'est ainsi que les maris doivent aimer leurs femmes comme leurs

31

propres corps. Celui qui aime sa femme s'aime lui-même. 29Car jamais personne n'a haï sa propre chair; mais il la nourrit et en prend soin, comme Christ le fait pour l'Eglise, 30parce que nous sommes membres de son corps.

Ressources importantes

National Domestic Violence Hotline:

1-800-799-7233 ; 1-800-787-3224 (TTY)

Domestic Violence Emergency: 911

Maryland Network Against Domestic Violence: 301-429-3601, 1-800-634-3577

Catholic Charities: 410-522-2668

Lieu: 430 S. Broadway, Baltimore, MD 21231

Heures d'ouverture : Les heures varient selon le service et le lieu

Services : Offrir des services juridiques d'immigration, citoyenneté et cours d'anglais comme la seconde langue, soins de santé pour les personnes non assurées, traitement des demandes de visa pour immigrés, victimes de crimes et demandes d'immigration fondées sur la violence domestique

Family Crisis Center: 301-731-1203

Lieu: 3601 Taylor street, Brentwood, MD 20722

Heures d'ouverture : du lundi au vendredi, de 8 h 30 à 17 h

Services : Fournir des abris d'urgence aux victimes de violence conjugale, un programme d'intervention contre les agresseurs, du conseil, de la formation professionnelle. Cours de gestion de la colère de 12 semaines pour les personnes qui ont de la difficulté à contrôler leur colère avec des personnes autres que des partenaires intimes (les services sont rendus en anglais et en espagnol)

Joint Base Andrews Family Advocacy Program: 240-857-9680

Lieu : 1191 Menoher Drive, Joint Base Andrews, MD 20762

Heures d'ouverture : du lundi au vendredi, de

7 h 30 à 16 h 30

Services : Donner des conseils et de prévention pour les familles de militaires actifs en crise en raison de la violence domestique et de la maltraitance des enfants.

Community : 1-800-422-0009

House of Ruth Legal : 1-888-880-7884

Lieux : 4990 Rhodes Island Avenue, Hyattsville, MD 20781

301-298-4219

4735 Main Street, Upper Marlboro, MD 20772

301-952-4303

Heures d'ouverture : du lundi au vendredi, de 8 h 30 à 16H30

Services : Fournir une assistance juridique aux victimes de violence domestique. Appelez la Maison Ruth ou rendez-vous directement aux cliniques juridiques sans rendez-vous dans l'un des deux endroits pour recevoir de l'aide pour obtenir des ordonnances de protection, des ordonnances de paix, des décrets de divorce, la garde des enfants et des pensions alimentaires pour enfants.

House of Ruth : 240-450-3270

Lieu : 320 Cathedral Street, Baltimore, MD 21201

Heures d'ouverture : du lundi au vendredi, de 9h00 à 16h00

Services : Donner des conseils aux victimes de violence domestique et à leurs enfants. Assistance téléphonique 24 heures sur 24, les défenseurs de la communauté, l'abris, les services pour les enfants et les jeunes, l'initiative de prévention de la violence chez les adolescentes, la sensibilisation et la formation communautaires, la défense des droits et l'intervention des agresseurs (anglais, espagnol)

My Sister's Place : 24-hour Hotline:

202-749-8000; 202-529-5991

Lieu : Une maison de sécurité confidentielle pour les victimes

Heures d'ouverture : une ligne d'assistance téléphonique confidentielle 24 heures sur 24

Services : Fournir, des abris d'urgence et des logements provisoires, des services après les soins, des services de consultation et de gestion des cas, des services d'approche et d'éducation en anglais et en espagnol

Information Resource line in Maryland: 211

Domestic Violence Shelter: 1-866-382-7474

Conclusion

La violence domestique affecte tout le monde ; femmes, hommes, enfants, amis, membres de la famille dans tous les milieux. En tant qu'êtres humains, nous devons lutter contre la violence domestique dans toute société dans laquelle nous vivons. Nous ne devons pas rester silencieux et regarder des sœurs et frères innocents et vulnérables mourir entre les mains des enfants des ténèbres qui n'ont pas Jésus dans leur vie ; ils utilisent la force pour détruire les images de Dieu au nom de la colère, de la boisson ou de la drogue. Dans la plupart du temps, des cas de violence domestique ne sont jamais signalés à la police ; nous devons faire preuve de vigilance et faire preuve de bon sens pour détecter les premiers signes de la violence domestique afin de sauver des vies, de réduire le nombre de violences domestiques ou même de l'éradiquer définitivement. Nous ne pouvons pas prendre ce problème à la légère ; nous devons être stricts et trouver une solution permanente à ce problème.

Pour les victimes, nous devons nous unir pour leur apporter de l'aide et des ressources, et leur conseiller de ne pas prendre leur vie à la légère. Rappelez-vous, les agresseurs sont très bons pour contrôler et manipuler leurs victimes. Les personnes qui ont été abusées émotionnellement ou battues sont déprimées, épuisées, effrayées, honteuses et confuses. Elles ont besoin d'aide pour sortir de cet abus.

Pour les agresseurs, ils doivent être poursuivis judiciairement parce que la violence domestique est contraire à la loi. Le changement ne peut avoir lieu que lorsque les agresseurs assument l'entière responsabilité de leur comportement et recherchent un traitement professionnel.

PS : Pour la victime, la thérapie peut être un traitement efficace pour les problèmes mentaux et émotionnels. Mais, pour en bénéficier, il est important de choisir le bon thérapeute, quelqu'un de confiance qui a l'expérience pour vous aider à apporter des changements pour le mieux dans votre vie. Un bon thérapeute vous aide à devenir plus fort et plus conscient de soi et confiant. Mais, votre thérapeute ne peut pas faire le travail pour vous. Vous devez appliquer chaque étape afin de tirer le meilleur parti de vos sessions, vous devez être un participant actif. Vous pouvez également faire confiance au seigneur pour vous aider à travers le rétablissement en priant, en lisant votre Bible et en louant le Seigneur. Votre vie est très importante. Vous n'avez qu'une vie à vivre. Ne laissez personne vous enlever votre vie précieuse. Ne mettez pas votre confiance en un être humain mortel. Faites confiance au Seigneur qui vous a créé à son image. Il vous aime inconditionnellement ; C'est pourquoi Il a envoyé Jésus pour mourir pour vous. Ne laissez rien dans ce monde avoir le dernier mot dans votre vie. Vous êtes si important pour Dieu. Il vous a créée pour un but. Vous n'êtes pas un accident. Réveillez-vous et prenez le contrôle de votre propre vie. Alors, décidez pour votre vie et le Dieu Vivant vous bénira un jour avec votre propre Boaz si vous restez fidèle à Lui.

Mettez votre confiance toujours dans le Seigneur parce que le meilleur est à venir.

15255316R00026

Made in the USA
Middletown, DE
20 November 2018